Las selvas lluviosas

Yvonne Franklin

I0802228

Las selvas lluviosas

Asesores en ciencias

Scot Oschman, Ph.D.

David W. Schroeder, M.S.

Créditos

Dona Herweck Rice, *Gerente de redacción*; Lee Aucoin, *Directora creativa*; Timothy J. Bradley, *Responsable de ilustraciones*; Conni Medina, M.A.Ed., *Directora editorial*; James Anderson, Katie Das, Torrey Maloof, *Editores asociados*; Rachelle Cracchiolo, M.S.Ed., *Editora comercial*

Teacher Created Materials
5301 Oceanus Drive
Huntington Beach, CA 92649-1030
http://www.tcmpub.com
ISBN 978-1-4333-2146-7
©2010 Teacher Created Materials, Inc.

Tabla de contenido

Un mundo para ver y escuchar

Por todos lados se sienten silbidos, gritos y clamores. Las hojas susurran, las ramas crujen, las enredaderas sueltas caen sobre el suelo. El aire es caliente y húmedo. El suelo está mojado y oscuro. La luz del sol se filtra hacia el suelo por sectores, como si fueran parches; sólo llega a través de pequeños claros entre los árboles altísimos.

¡Empieza a tronar! De golpe, una cortina de agua. El mundo se llena de lluvia. Diluvia, y se detiene tan rápido como comenzó. Un mono solitario parlotea. Un loro le contesta. Clamores, gritos y silbidos vuelven a llenar el aire.

Éste es el mundo de la selva lluviosa.

Dos clases

Existen dos clases de selva lluviosa. Cerca del Ecuador podemos encontrar la selva lluviosa **tropical**, mientras que la selva lluviosa **templada** puede encontrarse en zonas costeras más alejadas del Ecuador. La selva lluviosa descrita en esta página corresponde a la clase tropical. Puede ser que también conozcas a la selva lluviosa por alguno de sus otros nombres: pluviselva, bosque lluvioso o selva lluviosa.

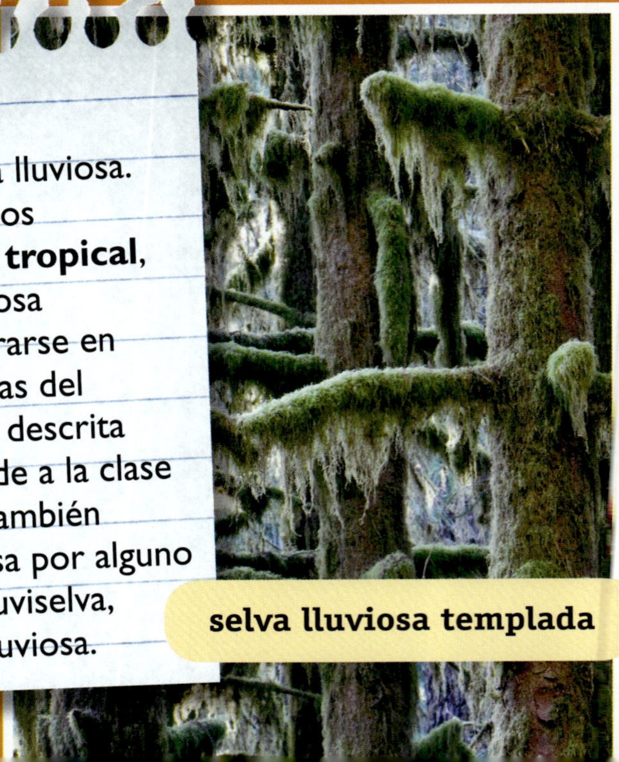

selva lluviosa templada

selva lluviosa tropical

guacamayos

orangután

El bioma de la selva lluviosa

El mundo está formado por muchos lugares, y cada lugar es parte de un bioma. Un **bioma** es una gran extensión de tierra o de agua. Todos los componentes de un bioma tienen necesidades y características en común. Los tipos de clima, paisajes, plantas y animales dentro de un bioma son similares.

En un bioma, los seres vivos se **adaptan** a su **medio ambiente**. Adaptarse significa cambiar de acuerdo con las nuevas condiciones. Sobre esa base, adaptan su apariencia y adaptan su conducta. En un bioma, los seres vivos se adaptan a lo que el bioma puede ofrecerles. El clima de la selva lluviosa es húmedo y lluvioso. Puede llegar a llover todos los días. Generalmente, el aire es denso y húmedo. Los seres vivos que habitan este bioma deben adaptarse a grandes cantidades de lluvia.

Biomas

Dondequiera que estemos, nos encontramos en un bioma. Un bioma es una extensión de tierra o de agua con muchas cosas en común. El desierto es un bioma. El océano es un bioma. La selva lluviosa también es un bioma.

Lluvia

En una selva lluviosa tropical, caen al menos 175 centímetros (69 pulgadas) de lluvia por año, mientras que en una selva lluviosa templada caen al menos 152 centímetros (60 pulgadas). Sin embargo, las lluvias totales suelen ser mucho mayores.

El río Amazonas nace en las montañas de Perú y desemboca en el Océano Atlántico.

La superficie del terreno genera el paisaje de un lugar. Aquí nos referimos, por ejemplo, a las montañas, los valles y los ríos. El paisaje de una selva lluviosa posee muchos ríos y arroyos. Eso tiene sentido, puesto que en la selva lluviosa hay mucha agua. Los ríos y arroyos se llevan el agua sobrante.

La selva lluviosa más grande del mundo es la selva amazónica o Amazonas; se trata de una selva lluviosa tropical. Por ella corre el río Amazonas, el río más ancho del mundo y el segundo en longitud. En algunas partes del río podrían caber cruceros completos. Posiblemente, si una persona se parara en una orilla del río no podría ver la otra. ¡Es un río tan grande que en él viven más de 750 **especies** de peces!

Río Amazonas

El río Amazonas mide 56 kilómetros (35 millas) en su parte más ancha. Tiene más de 6,250 kilómetros (3,884 millas) de largo. Sólo lo supera el río Nilo.

La selva lluviosa templada más extensa del mundo se encuentra en América del Norte y recorre la costa del océano Pacífico. Posee árboles muy altos. De hecho, tiene algunos de los árboles más altos del mundo. Toda el agua de la selva lluviosa les brinda a los árboles lo que necesitan para crecer.

Ya sabemos que todas las selvas lluviosas tienen mucho en común. Reciben mucha lluvia. Tienen muchos ríos y arroyos. Están repletas de seres vivos.

Sin embargo, las selvas lluviosas tropicales y las templadas no son iguales. Ambas están llenas de plantas y animales, pero las clases de plantas y animales que viven en ellas no son las mismas.

Las secuoyas de una selva lluviosa pueden crecer más de 100 metros (329 pies) de alto.

Suministro de aire

Más de una cuarta parte del oxígeno del mundo se genera en las plantas de las selvas lluviosas.

¿Grande?

La selva lluviosa de la costa noroccidental del Pacífico tiene alrededor de 3,220 kilómetros (cerca de 2,000 millas) de longitud.

La selva lluviosa templada más grande del mundo se extiende desde la Bahía de San Francisco hasta el Golfo de Alaska.

Los biomas de selva lluviosa son el hogar de muchas plantas y animales. Estas plantas y animales conviven en un **ecosistema**. Un ecosistema está formado por plantas, animales, tierra, aire y agua. También es importante la luz solar. Los seres vivos de un ecosistema se necesitan los unos a los otros. Necesitan de su ayuda mutua para vivir. Los animales comen plantas. Las plantas obtienen los nutrientes de los animales. Ambos utilizan la tierra, el aire, el agua y la luz del sol.

Los biomas de selva lluviosa ofrecen un lugar muy rico para que vivan las plantas y los animales. Allí hay mucho de todo lo que necesitan. No resulta sorprendente entonces que tantas clases de animales y plantas elijan las selvas lluviosas como su hogar.

camaleón

tamarino león dorado

boa constrictora

Una multitud

Las selvas lluviosas cubren alrededor del siete por ciento de la parte terrestre de la superficie del planeta. Pero allí pueden encontrarse más de la mitad de todas las especies de plantas y animales del mundo.

Corte transversal de un ecosistema

La vida en una selva lluviosa tropical

La selva lluviosa tropical es espesa, húmeda y tiene mucho vapor. ¡En ella viven tantas especies de plantas y animales que ni siquiera sabemos cuántas son! Arañas más grandes que un plato llano caminan por el suelo. Serpientes que podrían tragarse a un perro grande se deslizan por los árboles. Tucanes ruidosos chillan desde las copas de los árboles. ¡Y esto es sólo el comienzo!

¿Sabías que en un árbol de una selva lluviosa de Perú viven al menos 43 especies de hormigas? Existen más de 3,000 tipos de frutas en las selvas lluviosas. Ni siquiera las personas que viven allí conocen todas las clases de frutas que pueden encontrarse. Y en tan sólo 100,000 metros cuadrados (25 acres) de selva lluviosa, puede haber más de 700 especies de árboles. ¡Más especies de árboles que en toda América del Norte!

Problemas en la selva lluviosa

Habitualmente, se talan las selvas lluviosas para usar las tierras para actividades agrícolas. Debido a que las selvas lluviosas proveen gran parte del oxígeno que necesitamos, esta situación constituye un problema. Además, esto significa que las plantas y los animales de las selvas lluviosas pierden sus hogares. ¡Cada año, se talan más de 120,000 kilómetros cuadrados (30 millones de acres) de selvas lluviosas!

tucán

La tarántula goliat es la araña más grande del mundo.

Serpientes pitón como ésta pueden tragar una presa entera.

¿Cómo hacen para convivir tantos animales abarrotados en una selva lluviosa? ¡Para ellos, ése no es problema! Una selva lluviosa tropical es como una gran ciudad con edificios altos, uno pegado al otro. Sólo que los edificios no están hechos de ladrillos ni de acero; están hechos de plantas y árboles de todos los tamaños y todas las formas. Por lo tanto, hay muchos lugares donde pueden vivir los animales.

Una selva lluviosa tropical está formada por estratos o capas. El estrato más bajo es el **suelo**. Luego sigue el **sotobosque**. Encima de éste se encuentra el **dosel**. Y arriba de todos, los **árboles emergentes**.

El suelo es oscuro y tranquilo. No recibe mucha luz debido a los árboles altos. En consecuencia, crece poca vegetación allí. Si se genera un claro más arriba, entre las hojas de los árboles, el suelo comienza a llenarse de plantas nuevas enseguida.

Sin embargo, el suelo no está vacío. Está cubierto por plantas y animales en **descomposición**. Éstos se descomponen rápidamente a causa del calor y la humedad. El clima caluroso y húmedo también es propicio para el crecimiento de **hongos**. Los hongos también colaboran en la descomposición de plantas y animales.

Helechos

Entre las plantas más comunes de una selva lluviosa tropical se encuentran los helechos. En ella viven miles de especies de helechos diferentes.

hongos

árboles
emergentes
dosel
sotobosque
suelo

El sotobosque tiene mucha actividad. Allí viven muchas aves, insectos y reptiles. También hay jaguares y leopardos. Las hojas y plantas son grandes y exuberantes en esta capa. Sin embargo, este estrato también es oscuro; los árboles que se encuentran mucho más arriba del sotobosque bloquean gran parte de la luz solar.

El dosel es un estrato bastante sólido formado por ramas y hojas. Los científicos opinan que cerca de la mitad de todas las especies de plantas del mundo pueden encontrarse en los doseles de las selvas lluviosas. Pero no sabemos demasiado acerca de este estrato. Su vegetación es tan espesa y se encuentra a tal altura que es muy difícil de explorar.

El de los árboles emergentes es una capa muy delgada formada solamente por los árboles más altos. Estos árboles deben ser resistentes. Los vientos allí arriba son muy fuertes y hace mucho calor. Sin embargo, muchos animales viven en esa capa. Es muy común encontrar murciélagos, águilas y mariposas allí. También pueden encontrarse algunas clases de monos.

Así se ve un dosel en una selva lluviosa de Costa Rica. Los científicos construyen pasarelas como ésta para estudiar el dosel de este bioma.

Una larga caída

El dosel se encuentra entre 30 y 60 metros (100 y 200 pies) por encima del suelo. ¡La vegetación es tanta y tan espesa que una gota de lluvia tarda 20 minutos en llegar desde la copa más alta hasta el piso!

Debido a su antigüedad y tamaño, los árboles de una selva lluviosa templada son muy valiosos por su madera. Pero esto también los pone en riesgo de que los talen antes de que puedan volver a crecer.

secuoya

La vida en una selva lluviosa templada

Del mismo modo que ocurre con la selva lluviosa tropical, la selva lluviosa templada es muy húmeda. Pero en lugar de ser calurosa, es más bien fría. Al igual que una selva lluviosa tropical, tiene muchas plantas y animales. Pero en las selvas lluviosas templadas la vegetación está más amontonada en una sola área que en las tropicales. Sin embargo, las selvas lluviosas tropicales poseen más clases de plantas.

Las selvas lluviosas templadas son conocidas por sus árboles altos. Son los más altos del mundo. También son muy añosos. Las secuoyas son los más altos de todos. Los abetos de Douglas (o pinos de Oregón), las píceas y los cedros también alcanzan mucha altura. Se elevan desde el suelo de la selva y dominan el panorama. Si nos paráramos allí y miráramos hacia arriba, posiblemente no veríamos las copas de los árboles.

Las estaciones

En las selvas lluviosas tropicales, no hay demasiados cambios de temperatura a lo largo de las diferentes estaciones, mientras que sí los hay en las selvas lluviosas templadas. Los veranos son cálidos, pero los inviernos pueden llegar a ser helados.

El sotobosque está formado por pequeños árboles y arbustos a los que les gusta la sombra. Es común encontrar arces y cornejos aquí. Los helechos también son frecuentes. Los hay de muchas formas y tamaños.

El suelo está cubierto por musgos, **líquenes** y hongos. Éstos forman un tapete en el suelo de la selva lluviosa. Como ocurre en las selvas lluviosas tropicales, en el suelo también encontramos plantas y animales en descomposición. Los hongos los ayudan a descomponerse.

Cuando mueren árboles altos, éstos se desploman sobre el suelo. Son tan grandes que tardan mucho tiempo en descomponerse. Muchas plantas y animales utilizan estos árboles muertos como hogar.

Setas

Las setas son el fruto de los hongos comunes que hay en una selva lluviosa.

Hospedadores

El suelo de una selva lluviosa templada está repleto. No hay demasiado espacio para que crezcan nuevos árboles. Entonces, a veces crecen sobre viejos troncos muertos llamados *huéspedes* u *hospedadores*. A medida que crecen, sus raíces envuelven o atraviesan al tronco caído y se meten en el suelo. Estos árboles nuevos parecen parados sobre zancos.

En las selvas lluviosas, muchas plantas pequeñas crecen sobre plantas y árboles más grandes. Aquí, líquenes y musgos crecen sobre el tronco de un árbol.

Con tantas plantas como alimento, son muchos los animales que viven en las selvas lluviosas templadas. Pero no llegan a ser tantas especies de animales como las que existen en una selva lluviosa tropical. La causa de esto es que el clima es más frío, y muchos animales prefieren un clima más cálido y tropical.

La mayoría de los animales de una selva lluviosa templada vive en el suelo o cerca de él. Allí hay mucho alimento, y también refugio del sol y del viento.

Algunos de los **mamíferos** más comunes en este tipo de selva lluviosa son los ratones, venados, castores y osos negros. Es común encontrar aves como pájaros carpinteros y búhos o tecolotes. Los búhos comen mamíferos pequeños. Los pájaros carpinteros comen insectos, frutas y frutos secos. Un **anfibio** corriente aquí es la rana, y también es común encontrar salmones. Ellos también comen insectos y a su vez ambos pueden convertirse en el alimento de otros animales. Los escarabajos son uno de los insectos más comunes en una selva lluviosa templada.

rana

pájaro carpintero

oso negro

venado

escarabajo

Supervivencia de la selva lluviosa

Las selvas lluviosas son importantes para todo el planeta. Después de todo, son el hogar de muchos seres vivos. También proporcionan mucho del oxígeno que necesitan los seres humanos y otros animales. Debemos proteger las selvas lluviosas. La salud de todo el planeta depende de ellas.

Muchas personas alrededor del mundo están empezando a darse cuenta de que las selvas lluviosas están en peligro, por lo que trabajan para protegerlas. Pero todavía queda más trabajo por hacer. Todos deberíamos saber qué tan importantes son las selvas lluviosas. Son biomas sin los que el mundo no puede vivir.

Selva lluviosa en disminución

La superficie total de selvas lluviosas se ha reducido a casi la mitad. A menos que suceda un cambio, varios científicos opinan que todas las selvas lluviosas desaparecerán para el año 2050.

Laboratorio: Adaptaciones climáticas

Los biomas son regiones que tienen climas, paisajes, animales y plantas similares. En un bioma, la supervivencia de los seres vivos depende del clima. Cuando el clima cambia, las plantas y animales deben adaptarse, o cambiar, para sobrevivir.

Materiales

- este libro
- lápiz y papel
- arcilla para modelar
- rotuladores o pinturas de colores
- platos desechables
- materiales artísticos (arena, pasto, musgo artificial, etc.)
- pegamento

Procedimiento:

1. Elige una planta y un animal del bioma de este libro. Piensa en sus características físicas. ¿Qué adaptaciones tienen para poder sobrevivir?
2. Registra el nombre de la planta y del animal que hayas elegido y sus adaptaciones en las dos primeras columnas de la tabla de la próxima página.
3. Imagina que alguien transporta esta planta y este animal a un nuevo bioma con un clima diferente. ¿Cómo deberían adaptarse para sobrevivir?

4. Escribe tus ideas en la tercera columna de la tabla.
5. Utiliza arcilla para modelar y pintura para crear figuras de la planta y el animal adaptados.
6. Utiliza un plato desechable para crear tu nuevo bioma. Colorea el plato y adhiere a él otros materiales artísticos para que se vea como el nuevo bioma.
7. Coloca las figuras de arcilla que creaste en el nuevo bioma.
8. Escribe un párrafo donde describas la planta y el animal que elegiste. Explica de qué modo las adaptaciones los ayudarán a sobrevivir en el nuevo bioma.

Nombre de la planta/animal	Bioma: ___________ Adaptaciones	Nuevo bioma: _________ Adaptaciones
Nombre del animal		
Nombre de la planta		

Glosario

adaptan—cambian para encajar con el medio ambiente o sus condiciones

anfibio—vertebrado de sangre fría que generalmente vive en el agua o cerca de ella, como la rana o el sapo

árboles emergentes—estrato superior de una selva lluviosa, con árboles muy altos

bioma—comunidad compleja que se caracteriza por tener un clima, una vegetación y animales en común

descomposición—putrefacción

dosel—partir de arriba, el segundo estrato denso de una selva lluviosa

ecosistema—región geográfica donde interactúan las plantas, los animales, la tierra, el aire y el agua

especies—grupos de individuos de la misma clase o que poseen características en común

hongos—organismos simples que descomponen y absorben la materia de los organismos en los que viven

líquenes—hongos que crecen sobre rocas o troncos de árboles

mamíferos—animales con piel o pelo de sangre caliente que dan a luz crías vivas

medio ambiente—el aire, el agua, los minerales, los seres vivos y todo lo que rodea a una región u organismo

sotobosque—en una selva lluviosa, el estrato que se encuentra justo por encima del suelo, en el que viven muchas plantas y animales

suelo—el estrato más bajo de una selva lluviosa

templada—clase de selva lluviosa cuya temperatura varía entre fría y templada

tropical—clase de selva lluviosa de clima húmedo y caluroso que se encuentra cerca del Ecuador

Índice

Científicos de ayer y de hoy

Dorothy Hill
(1907–1997)

Nació en Australia y, de niña, fue muy buena alumna. Sorprendía a su familia y a sus maestros y recibió muchos premios especiales. En la universidad decidió estudiar geología porque podía estudiar mientras estaba en contacto con la naturaleza. Se convirtió en una experta en corales. Tiempo después, Hill fue la primera profesora universitaria mujer de Australia. También fue la primera mujer en presidir la Australian Academy of Science [Academia australiana de Ciencias].

Francisco Dallmeier
(1953–)

Francisco Dallmeier siempre sintió curiosidad por las aves. En la escuela, estudió todo lo que pudo acerca de ellas. Aprendió tanto que se convirtió en director de un museo ¡cuando tenía apenas 20 años! Ahora es una de las autoridades de la Institución Smithsonian. Éste es uno de los museos más grandes del mundo. Dallmeier dirige las investigaciones sobre plantas y animales que realiza el museo.

Créditos de las imágenes

Portada: Wouter Tolenaars/Shutterstock; p.1: Wouter Tolenaars/Shutterstock; p.4: Steffen Foerster Photography/Shutterstock; p.4-5: Ralph Loesche/Shutterstock; p.5 (arriba): Juriah Mosin/Shutterstock; p.5 (abajo): David Mckee/Shutterstock; p.6-7 (arriba): Cartesia/LKPalmer; p.6-7 (abajo): Cartesia/LKPalmer; p.8: NASA; p.9: Frontpage/Shutterstock; p.10: urosr/Shutterstock; p.10-11: afagen/flickr; p.11: Kelly Brownlee; p.12-13 (arriba): Jessica Bethke/Shutterstock; p.12-13 (centro): Howard Sandler/Shutterstock; p.12-13 (abajo): Ryan M. Bolton/Shutterstock; p.13 (derecha): Kelly Brownlee; p.13 (izquierda): John A. Anderson/Shutterstock; p.14: David Hyde/Shutterstock; p.14-15 (arriba): Nici Kuehl/Shutterstock; p.14-15 (abajo): Newscom; p.15: Stuart Westmorland/Photo Researchers, Inc.; p.16: Vladimir Wrangel I/Shutterstock; p.16-17: Rudy Umans/Shutterstock; p.17: Tim Bradley; p.18: Corel; p.18-19: Moth/Dreamstime; p.20: Nathan Jaskowiak/Shutterstock; p.20-21: backpackphotography/Flickr; p.22: ecoventurestravel/Shutterstock; p.22-23: Dr. Morley Read/Shutterstock; p.23: Michael J Thompson/Shutterstock; p.24: Dennis Donohue/Shutterstock; p.24-25 (fondo) Natalia Bratslavsky/Shutterstock; p.24-25: efleming/Flickr; p.25 (arriba, izquierda): Gertjan Hooijer/Shutterstock; p.25 (arriba, derecha) Tom & Pat Leeson/Photo Researchers, Inc.; p.25 (abajo): Dr. Morley Read/Shutterstock; p.26-27: Leobruce/Dreamstime; p.27: Frontpage/Shutterstock; p.29: Nicolle Rager Fuller y Tim Bradley; p.32 (izquierda): Rick Reason; p.32 (derecha): Rick Reason.